文字的奥秘

（第二辑）

衣食住行

邳艳春／编

李亚男／绘

广西人民出版社

图书在版编目（CIP）数据

文字的奥秘. 第二辑，衣食住行 / 邱艳春编；李亚男绘. —南宁：广西人民出版社，2024.3（2024.10 重印）
ISBN 978-7-219-11709-5

Ⅰ. ①文… Ⅱ. ①邱… ②李… Ⅲ. ①汉字—少儿读物 Ⅳ. ① H12-49

中国国家版本馆 CIP 数据核字（2024）第 008310 号

WENZI DE AOMI（DI-ER JI）·YI SHI ZHU XING

文字的奥秘（第二辑）·衣食住行

邱艳春　编
李亚男　绘

出 品 人　唐　勇
策划编辑　梁凤华
责任编辑　覃结玲
责任校对　梁小琪
装帧设计　王程媛

出版发行　广西人民出版社
社　　址　广西南宁市桂春路 6 号
邮　　编　530021
印　　刷　广西民族印刷包装集团有限公司
开　　本　787mm×1092mm　1/16
印　　张　9.5
字　　数　73 千字
版　　次　2024 年 3 月　第 1 版
印　　次　2024 年 10 月　第 2 次印刷
书　　号　ISBN 978-7-219-11709-5
定　　价　38.00 元

版权所有　翻印必究

写在前面的话

汉字是世界上最古老的文字之一，它就像一位从历史的长河中向我们走来的长者，带着伟大的智慧和传奇的故事，吸引着我们对它一探究竟。

大概六千年前，我国的先民们在陶器上刻画了许多简单的符号，它们被认为是汉字的祖先。

在四千多年前，出现了早期的象形文字。在三千多年前的殷商时期，有了刻在龟甲、兽骨上的文字——甲骨文。然后，从商代末期开始，刻在铜器上的金文出现了。随着时代的发展，后来又出现了篆书、隶书、楷书等，并逐步形成了我们今天使用的汉字体系。

在所有的古文明中，只有中华文明得以传承下来，这和汉字有很大的关系。因为，汉字是几大古老文字中唯一不间断、一直沿用至今的文字，所以即使时隔几千年，我们依然能读懂古人撰写的典籍。

那么，你知道三千多年前，我们的祖先使用的汉字是什么样的吗？你知道汉字在传承的过程中发生了哪些变化吗？你知道每个汉字的背后都有哪些有趣的故事吗？在本书中，这些问题的答案将一一为你揭晓。

传承几千年的文明和统一的文字，是我们身为中国人的骄傲，因此，我们更应该学好中国文字。那么，就让我们一起走进汉字的世界，去探寻汉字的奥秘吧！

华衣美服

- 衣　古人的"衣"与"裳"一样吗 /2
- 裘　古代谁有资格穿裘 /5
- 里　古人穿的里衣是什么样的 /8
- 黻　"黻人"是什么人 /11
- 帽　古代帽子的种类知多少 /14
- 布　什么布有"寸锦寸金"之称 /17
- 丝　东西方贸易交流的"使者" /20
- 帛　"帛书"是书吗 /23

巾	为什么用"巾帼"借指妇女 /26
练	什么是"白练" /29
素	古人穿素衣不同寻常 /32

饭菜佳肴

谷	让古人定居的"功臣" /36
稻	石器时代就有的粮食 /39
米	第一个吃大米的人是谁 /42
禾	庄稼的代名词 /45
黍	重要的粮食作物之一 /48
粟	世界上古老的农作物之一 /51
麦	食物里的外来品种 /54
饭	古时"吃饭"有哪些叫法 /57
肉	古人为什么不吃马肉 /60
膏	为什么用"膏粱"表示富贵人家 /63
羊	羊肉是古代的奢侈美食 /66
鱼	孔子、孟子都喜欢吃的美味 /69
汤	"汤"在古代指什么 /72

殿堂楼阁

穴	人类最早的房屋	/76
家	"家"字中为什么有头猪	/79
寝	"就寝"是什么意思	/82
宇	"宇"指房屋的哪个部分	/85
舍	"寒舍"是什么意思	/88
宅	谁的宅院被称为"中国民间故宫"	/91
门	房屋的"脸面"	/94
户	为什么"门要常开,户要常闭"	/97
宫	帝王的住所	/100
府	"打道回府"是什么意思	/103
城	"城"与"郭"有什么区别	/106
祠	一个神圣又让人敬畏的地方	/109

舟车助步

- 步　"跬"与"步"有什么区别　/114
- 走　古时的"走"竟指"跑"　/117
- 奔　古代有人以奔跑为职业　/120
- 车　发明马车的人是谁　/123
- 舆　古代官员乘车讲究多　/126
- 轩　古代大夫以上官员的座驾　/129
- 乘　"千乘之国"是什么意思　/132
- 驷　"驷马"是四匹马吗　/135
- 舟　三千多年前的人会造船吗　/138
- 船　郑和下西洋的宝船有多大　/141

华衣美服

  我国的服饰丰富多彩，服饰的发展变化勾勒出中华民族绵延不断的生活画卷。生活中有很多表示"衣服"之意的汉字，这些汉字大部分是象形字，且与古代的礼仪制度息息相关。

yī

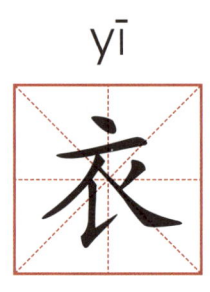

古人的"衣"与"裳"一样吗

甲骨文　　金文　　小篆　　楷书

汉字我知道

衣服是我们生活中不可缺少的物品,你知道"衣"的本义是什么吗?让我们先看看古时"衣"字是怎样写的吧!

"衣"的甲骨文就像简化了的上衣的轮廓,"上衣"的衣襟是一个斜长的三角形。金文"衣"与甲骨文"衣"的字形相似,"上衣"的两襟分别从前胸斜向左边和右边绕到背后,扎在腰间。

"衣"的本义是上衣,现在泛指衣服,如毛衣等;也引申为包在物体外面的一层东西,如花生衣等。

> 趣味小知识

古人将上衣称为"衣",将下衣称为"裳"(cháng)。"裳"指的是古时男女都穿的下裙,是一种用来遮蔽下身的衣裙。

"裳"既不是我们现在穿的裤子,也不是现在女孩子穿的裙子。它由两片布组成,这两片布并不是连在一起的,而是一片在前,一片在后,用布带将它们系在腰上。"裳"很长,一般都会垂到地上。

一衣带水

古代南北朝的时候,北朝的北周和南朝的陈的国界一段以长江为界。公元581年,北周静帝将皇位禅让给大丞相杨坚,杨坚登基称帝,建立了隋朝。

建立隋朝后,隋文帝杨坚决心结束南北分裂的局面。他说:"我是全国百姓的父母,难道能因为有一条像衣带一样窄的长江隔着,就看着南方百姓受苦而不拯救他们吗?"

后来,人们就用"一衣带水"来比喻像一条衣带那样窄的水面,形容一水之隔,往来方便。

qiú

古代谁有资格穿裘

甲骨文　　金文　　小篆　　楷书

汉字我知道

在古代，封建官吏、士大夫等贵族才有资格穿裘，那么，裘是一种什么样的衣服呢？

甲骨文"裘"的字形，很像一件皮衣的形状，上面两侧缺口的地方是衣袖，下面是毛朝外的皮衣襟。金文"裘"的字形更加复杂了。

"裘"用来指有皮毛的衣服，如裘衣、集腋成裘等。

趣味小知识

裘是皮衣,是用来御寒的衣物。这种皮衣的兽毛露在外面不是很好看,所以,贵族在朝拜、祭祀或者招待客人时,要在皮衣外面罩上一件衣服。

大裘是古代天子祭天时穿的皮衣,这种皮衣是用黑色羊皮制成的。在古代,皮衣的颜色是身份地位的象征。狐白裘是用狐腋的白毛做成的皮衣,非常珍贵而稀有,常被用来借指富贵者,战国时的孟尝君就有一件天下无双的狐白裘。

五月披裘

春秋时期,吴国的延陵季子到齐国游玩,在路上发现了一块金子。这时,对面走来一个砍柴人,虽然五月的天气已经很热,但他还披着皮袄。

季子以为砍柴人很穷,就让他拾起地上的金子。没想到,砍柴人生气地说道:"我五月披着皮袄去砍柴,难道是拾金子的人吗?"

季子一听,恍然大悟,谢罪之后,便问其尊姓大名。

砍柴人说道:"你是个以貌取人的俗人,不值得我告诉你我的姓名。"

后来,"五月披裘"多用来指人清高廉洁。

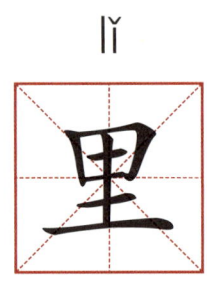

古人穿的里衣是什么样的

金文　　小篆　　楷书

汉字我知道

你知道什么是里衣吗？古人穿的里衣又是什么样的呢？让我们先一起看看金文"里"是怎样写的吧！

金文"里"的外面是"衣"，里面是"里"，合在一起就表示衣服内层。

"里"的本义指衣服内层，如衣服里子。现在"里"的常用字义为里面，与"外"相对，如手里、碗里；也引申为一定范围以内，如这里、那里。另外，"里"也常用作长度单位，1市里等于500米。

趣味小知识

古代人穿衣服非常讲究，有里外之分。外衣能体现一个人的身份、地位，比如穿紫色绸缎衣服的人，大多是高官，穿褐色粗布衣服的多为平民百姓。

古人穿在外衣和内衣之间的衣服叫中衣，又称里衣。里衣是祭服和朝服的衬衣，具有搭配和衬托的作用，大多为白色，可以作为居家服装，若要出门或会见来访者，是需要穿上外衣的。

运筹帷幄之中，决胜千里之外

刘邦战胜项羽后，建立了汉朝。有一次，刘邦在洛阳南宫举行盛大的宴会，招待文武百官。他问百官："你们说，我为什么会取得胜利，项羽为什么会失败？"

有两位将领恭敬地说："陛下仁厚且爱护别人，和大家分享胜利果实。而项羽嫉妒有才能的人，还怀疑他们，所以他必然失败。"

刘邦笑着说："你们只知其一，不知其二。说实话，坐在军营帷幕之中，制订在千里之外取得胜利的大计，我不如张良；安定国家，安抚百姓，提供粮草，我不如萧何；带兵打仗，我更比不上韩信。这三个人都是人中俊杰，却为我所用，所以我能取得胜利。而项羽有一个范增却不重用他，怎能不失败呢？"群臣听后心悦诚服。

"运筹帷幄之中，决胜千里之外"比喻很有才智的人无须亲自上阵，只须做好前期的战略部署，也能让事情获得成功。

"敝人"是什么人

| 甲骨文 | 金文 | 小篆 | 楷书 |

汉字我知道

人们常谦称自己为"敝人",那么,你知道"敝"的本义是什么吗?

甲骨文"敝"的左边是"巾"字,"巾"用来表示衣服;右边是用手拿着棒子的样子,也就是"攴"。两部分合在一起,就表示拿着棒子打衣服,指衣服破旧。

"敝"的本义是破衣,由破衣引申为破旧、破败、衰弱;还可以用作谦辞,指对自己或者自己一方的谦称,比如敝人、敝校等。

趣味小知识

比较常用的形容衣服破旧的成语有以下几个：

捉襟见肘：拉一下衣襟，胳膊肘就露出来了，形容衣服破烂。该成语也用来比喻顾此失彼，疲于应付。

衣衫褴褛："褴褛"是破烂的意思，这个成语用来形容衣服破破烂烂。

恶衣恶食：粗劣的衣服和食物，形容生活贫困。

衣不蔽体：衣服破烂，连身体都遮挡不住，形容生活贫苦。

筚路蓝缕

西周时，周成王为了赏赐开国功臣的后代而分封诸侯，熊绎被封授第四等爵号，称为楚子。分封诸侯后，周成王在岐阳盟会诸侯。熊绎高兴地前往，可是因为他国小位卑，会场上不仅没有他的座位，他还被要求干一些杂活，受人嘲笑。

受辱后的熊绎回到楚国，奋发图强，带领楚人在环境恶劣的荆山开垦荒地。他们用竹片、树枝做成车子，穿着破衣服，一起去开发荒山，艰苦创业。

经过多年的努力，楚国的疆土不断扩大，财富越积越多，军事力量不断增强，逐渐成为江汉一带的霸主。

成语"筚路蓝缕"的意思是穿着破衣服，拉着柴车，开垦山坡林地，后形容创业艰苦。

mào

古代帽子的种类知多少

金文　　　小篆　　　楷书

汉字我知道

天冷时，戴帽子能让我们的头部免受寒风的侵袭。

金文"帽"的左边像帽子的形状，右边是"目"，将这两部分合起来表示帽子戴在头上。小篆"帽"将"帽子"放在"目"上。

"冒"是"帽"的本字，当"冒"被用作冒险的字义后，古人在"冒"左边加上了"巾"，写作"帽"，表示帽子是用丝麻织物做成的。

"帽"的本义是帽子，如古代的乌纱帽和现代的鸭舌帽；由帽子引申为形状或者用途像帽子的东西，如笔帽。

趣味小知识

古代帽子有很多种类。

冠冕（guān miǎn）：古代帝王、官员戴的帽子，也用作官吏的代称。

弁（biàn）：古代男子戴的帽子。因为古时候武官戴皮帽，所以武官也被称为武弁。

胄（zhòu）：古代战士打仗时戴的保护头部的帽子，一般用厚皮革或金属制成。

笠（lì）：用竹子或草编成的帽子，可以遮雨、遮阳光。

头衣：古代小孩和少数民族戴的帽子。

乌纱帽

乌纱帽是中国古代的一种帽子，因为它的制作材料之一是乌纱，所以被取名为乌纱帽。

乌纱帽原是民间常见的一种便帽，官员头戴乌纱帽起源于东晋，但乌纱帽作为官帽，却始于隋朝，兴盛于唐朝。乌纱帽成为官帽之后，老百姓自然不能再戴了。

宋太祖赵匡胤登基后，为防止议事时朝臣交头接耳，便下诏书改变了乌纱帽的样式：在乌纱帽的两边各加一个软翅，这样只要脑袋一动，软翅就跟着颤动。皇上居高临下，如果谁的乌纱帽双翅颤动，他看得清清楚楚，朝臣也就不敢再交头接耳了。

另外，乌纱帽有不同的材质和式样，以区别官位的高低。后来，人们常用"乌纱帽"来比喻官位。

bù

什么布有"寸锦寸金"之称

金文　　　小篆　　　楷书

汉字我知道

小朋友一定都玩过"剪刀石头布"的游戏吧,那你知道金文"布"字是怎样写的吗?

金文"布"的上半部分是"父",用来表示汉字的发音;下半部分是"巾",表示擦抹用的纺织品,这里指的是麻织品。

"布"的本义是麻布,随着字义的演变,"布"的字义发生了很大变化。常用的有宣告某事之义,如宣布;也有散布、分布之义,如阴云密布;还有陈设、布列的意思,如布防、布局等。

趣味小知识

在古代，有些布料非常昂贵，是达官显贵才能用得起的，比如云锦。

云锦是我国传统的丝制工艺品，有"寸锦寸金"之说。东晋时期，朝廷在国都建康（今南京）设立了专门管理织锦的官署，称为锦署。

在元、明、清三朝，云锦是皇家御用的贡品，代表了当时我国丝织工艺的最高水平，是中华民族宝贵的历史文化遗产。

布衣之交

战国时期,齐国公子孟尝君的一个门客爱上了孟尝君的一个宠妾。有人建议孟尝君惩罚此人,但孟尝君并没有这样做。这个门客因此感到很惭愧,并十分感激孟尝君对他的宽容。

一年以后,孟尝君找到这个门客,对他说:"我这里没有适合您的官职,卫国国君与我是布衣之交,我把您推荐给他,您去投奔卫君吧。"这个门客到了卫国后,深受卫君的器重,在卫国做了大官。

后来,齐、卫两国关系恶化,卫君想联合其他国家攻打齐国。这个门客知道后,以死相谏,说如果卫君不放弃攻打齐国的想法,他就以死来报答孟尝君对他的知遇之恩。卫君最终答应不会攻打齐国。

成语"布衣之交"原指平民百姓之间的交往,后来也指显贵的人和平民交往。

sī

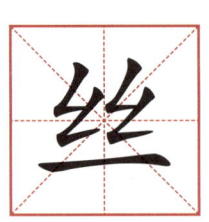

东西方贸易交流的"使者"

甲骨文　　　金文　　　小篆　　　楷书

汉字我知道

有一种纺织品表面光滑，非常美丽，你知道它是什么吗？没错，它就是丝绸。

甲骨文"丝"很像两根并列的丝绳。金文"丝"的字形与甲骨文类似，只是规范为两个圆圈相连，圆圈下方有像箭头的笔画。小篆"丝"承袭金文的写法，进一步线条化。

"丝"的本义是蚕丝，如"春蚕到死丝方尽"；后来由蚕丝引申为丝织品，如丝绸；也可以表示像丝一样的东西，如铁丝、钢丝等。

趣味小知识

在古代，丝绸指的是用蚕丝织造的纺织品。丝绸是我国的特产，是我国古代劳动人民的伟大发明。丝绸得到了大规模的生产后，便成为东西方贸易交流中的主要商品。

从西汉开始，我国的丝绸就被大批地运往国外，因此中国也被一些国家称为"丝国"。这条从中国到西方的贸易道路，在近代被欧洲人称为"丝绸之路"。

传说故事

嫘祖始蚕

传说蚕丝是黄帝的妻子嫘（léi）祖发现的。嫘祖经常带姐妹们上山劳作，由于日夜操劳病倒了。姐妹们想到可以摘些新鲜的果子给嫘祖调理身体，便来到了一片树林。大家摘了很多果子，都希望嫘祖吃后能早日康复。有一个小姑娘发现了一种白色的"果子"，便也摘了一些回去。

回到家后，摘白色"果子"的小姑娘拿起"果子"尝了尝，说道："哎呀！这是什么果子，怎么咬不断？"有人把"果子"放在手心里，仔细地打量起来，发现"果子"表面有细细的丝。

嫘祖康复后，找到了"结"白色"果子"的桑树，一连观察了数天，终于发现了"果子"的秘密：一种虫子吐出丝后，将自己缠绕成茧，茧看上去就像白色的"果子"。

嫘祖想：这种丝虽然细但是坚韧，把丝从茧上抽出来也许可以织成柔软的面料。后来，嫘祖就把这种虫子饲养起来，并给它们取名为蚕。嫘祖还教人们用蚕丝织成丝绸做衣服。

bó

"帛书"是书吗

甲骨文　　金文　　小篆　　楷书

汉字我知道

小朋友,你知道帛书是什么吗?解答这个问题之前,我们先来看看"帛"的本义是什么吧!

甲骨文"帛"的上面是"白",指白色,下面是"巾",表示擦抹用的纺织品,将这两部分合起来就是白色丝织物。

"帛"的本义指白色丝织物,后来成为丝织物的总称。此外,"帛"还引申出财物、礼品的含义。

趣味小知识

西汉之前还没有纸张，古人除了在竹简上书写，还会用白色丝帛作为书写材料，并将其称为帛书。帛是白色的丝织物，汉代称丝织物为帛或缯（zēng），所以帛书也叫缯书。

帛书的起源可追溯到春秋时期，我国现存最早的完整帛书，是1942年在湖南长沙子弹库楚墓发现的。

化干戈为玉帛

上古时期,因中原闹水灾,尧帝曾派大禹的父亲鲧(gǔn)治水。鲧治水九年,大水还是没有消退。

之后,舜继任帝位,任用大禹来治水。大禹不仅很好地解决了水患的问题,还十分谦卑自律、仁厚爱民。大禹还把自己的财产分给大家,毁掉兵器,以道德来教化人民。

舜认为大禹有能力治理天下,就把王位禅让给了大禹。大禹带领部下一起发展农牧业,老百姓的日子过得安定富足,其他的部落都纷纷来归顺大禹。大禹开首领大会时,来进献玉帛珍宝的首领有上万人。

后来,人们用"化干戈为玉帛"形容使战争转化为和平或变争斗为友好。

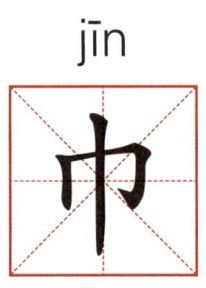

为什么用"巾帼"借指妇女

甲骨文　　金文　　小篆　　楷书

汉字我知道

擦手要用毛巾，少先队员要戴红领巾，天冷时人们会戴围巾。从古至今，"巾"字的字形变化不大，甲骨文"巾"像佩巾下垂的样子。

"巾"的本义是佩巾，佩巾就是擦抹用的纺织品，和现在我们使用的手巾差不多。此外，"巾"还可以指缠束或者覆盖用的织物，如围巾、头巾等。

> **趣味小知识**

巾和帼是我国古代妇女戴的头巾和发饰，后来就用"巾帼"借指妇女，如"巾帼英雄"。我国历史上第一位有据可查的巾帼英雄是妇好。

武丁是商朝的君主，他通过一系列的战争将商朝的版图扩大了数倍。帮助武丁打江山的人中有一个至关重要的女人——武丁的妃子妇好。妇好不仅善于打仗，还常主持祭天、祭祖等祭奠活动，可谓文武双全。

羽扇纶巾

三国时期，诸葛亮北伐，与司马懿在渭南交战。司马懿穿了一身铠甲上阵，而诸葛亮则坐在一辆小车上，头戴纶（guān）巾，手持羽扇，手中羽扇一挥，全军都随之行动或停止。

司马懿叹服不已，说道："诸葛亮真是一位名士。"

后来，诸葛亮死后，蜀军西退。司马懿前往蜀军留下的空营寨，只见寨里整齐有序，井井有条，不禁再次感叹诸葛亮为天下奇才。

羽扇，指用鸟的羽毛制成的扇子；纶巾，指古代配有青丝带的头巾。"羽扇纶巾"常用来形容谋士或儒将的风雅气度。

lián

练

什么是"白练"

金文　小篆　楷书

汉字我知道

练习、练兵、白练……与"练"字有关的词语很多，那你知道"练"的本义是什么吗？我们先一起看看金文"练"是怎样写的吧！

金文"练"的左边是"糸"，指把生丝煮得柔软洁白；右边是"柬"，用来表示"练"的发音。

"练"的本义是把生丝煮得柔软洁白。随着字义的演变，"练"字可泛指丝绸，常借指白绢。现在"练"字的常用字义有练习、训练、干练、熟练等。

> **趣味小知识**

我们在一些古诗中，经常会看到"白练"这个词，比如唐代诗人徐凝写的《庐山瀑布》："虚空落泉千仞直，雷奔入江不暂息。今古长如白练飞，一条界破青山色。"

"白练"原本指白色熟绢，后常用来比喻像白绢一样的东西。《庐山瀑布》中的"白练飞"就是白练腾空的意思。白练腾空指瀑布像一条雪白的长布向天空上升。

历史故事

王羲之苦练书法

"书圣"王羲之是一个勤学苦练的人。年幼的时候，王羲之偶然发现父亲珍藏的一本书法书——《笔说》，便拿来偷偷阅读。父亲本想等到王羲之长大了再传授书法技艺给他，王羲之却跪下来哭求父亲现在就让他学习书法。父亲被他感动了，答应了他的要求。

王羲之练习书法非常刻苦，几乎无时无刻不在练习，甚至到了忘情的地步。有一次，他专心练字，忘记了吃饭，家人就把饭送到了书房，他竟然用馍馍蘸着墨汁吃起来，被家人发现时，他的嘴巴已经被墨汁染黑了。

王羲之常常临池书写，用池水洗毛笔和砚台。时间长了，连池水都成了黑色，人们称该池为"墨池"。最终，王羲之成了东晋时期著名的书法家。

sù

素

古人穿素衣不同寻常

金文　　小篆　　楷书

汉字我知道

与"素"有关的词语有很多，如素食、素净、素衣等，那么"素"的本义是什么呢？

金文"素"的上半部分是织机，下半部分是丝织物，将这两部分合起来就表示织机上的丝织物，指生帛。

"素"的本义指本色的生帛（未经漂煮的丝织物），后引申为本色、白色，现在常用的字义有：颜色不艳丽，如朴素；向来，如素不相识；等等。

趣味小知识

"素衣"指的是白色的衣服,古时,这种衣服常用作中衣或者丧服。比如唐朝诗人柳宗元写的《梅雨》中,有诗句:"素衣今尽化,非为帝京尘。"这里的"素衣"指白色的衣服。

"素车白马"指古代办丧事所用的白车白马。比如清朝诗人袁枚写的《到石梁观瀑布》中,有诗句:"银河飞落青松梢,素车白马云中跑。"

传说故事

素丝羔羊

传说,春秋时期,有一次齐桓公外出打猎,在途中发现了一只怪物。从那以后,齐桓公就患病卧床不起,却没人能说出怪物的样子和名称,管仲只好悬赏寻找认识此怪物的人。

几日后,一个名叫皇子的人背着锄头,穿着破烂的衣服前来,他说此怪物名叫"委蛇",其身着紫衣,头戴红帽,特别讨厌雷声,凡见此物者必称霸天下。

齐桓公听闻皇子的话,说:"这就是我看到的怪物。"之后,齐桓公的病不治而愈。齐桓公想封皇子为大夫,但皇子不贪图官位和俸禄,选择回家务农。

《诗经·召南·羔羊》:"羔羊之皮,素丝五紽(tuó);退食自公,委蛇委蛇。"此句诗便是对皇子这类不贪图俸禄的官员的赞美。后人常用"素丝羔羊"形容官吏正直廉洁。

饭菜佳肴

民以食为天。人们在对吃孜孜以求的几千年里,发明了很多美食,逐渐形成了中华民族独特的饮食文化。让我们一起了解与美食有关的汉字吧!

gǔ

谷

让古人定居的"功臣"

金文　　　小篆　　　楷书

汉字我知道

五谷杂粮是我们生活中不可缺少的食物，那么，你知道"谷"的本义是什么吗？我们先一起看看金文"谷"是怎么写的吧！

金文"谷"的左下边是"禾"，指的是庄稼；剩下的部分是"殻"，现在简写为"壳"，这里指的是谷物的外壳。"谷"的本义是庄稼和粮食的总称，如五谷。

趣味小知识

　　谷物涵盖的范围较广,包括水稻、小麦、小米、高粱等粮食。谷物的出现,改变了古代人的生活和饮食习惯。没有谷物之前,人们主要靠狩猎、采集野果为生;谷物出现后,人们可以通过播种谷物获得更多的粮食,不用再过颠沛流离的生活。

历史故事

四体不勤，五谷不分

春秋时期，孔子和子路等学生周游列国。一天，他们在山野行走，子路掉队了。此时天快黑了，子路十分着急，恰好看到一个用木杖挑着锄草工具的老人，赶忙问道："您看见我的老师了吗？"

老农轻蔑地说道："四体不勤，五谷不分，孰为夫子？"意思是：不参加劳动，不能辨别五谷，哪里配称为老师？

子路觉得自己太冒失了，便恭敬地站在一旁不说话。老农见子路很谦虚，就邀请他到自己家里住宿，并热情款待他。

第二天，子路赶上孔子后，将昨天的经历告诉了孔子。孔子认为这个老农一定是一个有修养的隐士，想找他谈谈。可他们再去找老农时，已经找不到了。

"四体不勤，五谷不分"形容脱离生产劳动，缺乏生产知识。

dào

稻

石器时代就有的粮食

| 甲骨文 | 金文 | 小篆 | 楷书 |

汉字我知道

稻是我国的主要粮食作物之一。甲骨文"稻"看起来像一个石臼的样子，石臼里面的小点代表的是谷物。将这两部分合在一起就是谷子在石臼中，有舂米的意思，用来表示稻谷。

金文"稻"的左边是"禾"，右边上面是一只手拿着舂米的杵，右边下面是石臼，合在一起就是手拿木杵舂米，依然表示稻谷。

"稻"的本义是稻谷，主要分水稻和陆稻两大类，通常指水稻。

趣味小知识

我国是世界上水稻栽培历史最悠久的国家,从新石器时代开始,大米就是长江流域及其以南地区人们的主要粮食。

在新石器时代晚期,黄河流域的人们也开始种植水稻,但北方的水稻种植面积没有南方的水稻种植面积大,水稻与麦、粟和黍相比,所占的比重明显偏低。

唐宋以后,南方的部分稻区成了全国稻米的重要供应基地。所以,民间有句谚语:"苏湖(今苏州、湖州)熟,天下足。"

历史故事

张堪引稻入北京

东汉时，汉代著名科学家、文学家张衡的祖父张堪，被任命为渔阳太守。

当时，渔阳（今北京市密云区西南）地处北方边境，经常受到匈奴侵扰。

张堪率兵击败匈奴后，力抓农业生产。有一次，张堪到狐奴山（今北京市顺义区东北）一带巡视，发现这里土地肥沃，地势平坦，水源丰富，适合种植水稻。于是他先对水资源进行了整合，接着引入南方的稻种和水稻种植技术，带领村民在狐奴山周围开辟稻田八千顷（一顷约为66667平方米）。

从那时起，原本只在我国南方温暖地区种植的水稻，被引种到相对寒冷的北方部分地区，许多北方百姓从此吃上了大米饭。

mǐ

米

第一个吃大米的人是谁

| 甲骨文 | 小篆 | 楷书 |

汉字我知道

米是五谷之首，米饭是人们日常饮食的主角之一。甲骨文"米"上下的六个小点表示米粒，中间的"一"表示将米粒联结在一起。

"米"的本义是稻米，引申为去皮后的粮食作物的籽实，如花生米。后又指小粒像米一样的东西，如虾米。

趣味小知识

根据史料记载，早在七千年前，古人就已经掌握了水稻的种植技术，并把稻米作为主要的粮食。而第一个吃大米的人传说是尝百草的神农氏。他食用大米的方法是先把石板烧热，然后把稻米放在石板上加热，待稻米熟后再食用。

成语故事

巧妇难为无米之炊

晏景初是宋朝的一位尚书。有一次他外出回来,走到半路上,天就已经黑了,他便打算到一座破旧的寺庙投宿。

晏景初进入寺庙后,对一位老和尚说明来意,老和尚却以寺庙破陋为由拒绝了他的请求。

晏景初认为,条件虽差,但有才干的人总能想出办法。老和尚反驳道:"没有面,再能干的媳妇也做不出汤饼来呀!"

晏景初说道:"如果有面,再笨的媳妇也能做呀!"老和尚无话可说,只好退下了。

"巧妇安能作无面汤饼"后来演变为成语"巧妇难为无米之炊"。该成语比喻缺少必要的条件,再能干的人也很难做成事。

hé

禾

庄稼的代名词

甲骨文　　金文　　小篆　　楷书

汉字我知道

"锄禾日当午,汗滴禾下土。谁知盘中餐,粒粒皆辛苦。"我们吃的粮食都是农民们辛苦劳作换来的,所以我们要珍惜食物,不能浪费。下面我们来一起看看诗句中的"禾"是什么意思吧!

甲骨文和金文的"禾"就像一株成熟谷子的样子,谷穗太重,把谷子的头压得低低的。

"禾"的本义指粟,后特指水稻禾苗,引申泛指谷物、庄稼等。

趣味小知识

西周时期，周武王死后，周公代武王尚未成年的儿子周成王处理国政。武王的弟弟管叔、蔡叔害怕周公掌权对自己不利，便散布流言，说周公想夺成王的权。周成王受到流言的影响，对周公的忠诚产生了怀疑。

后来，管叔、蔡叔叛乱，周公亲自东征，镇压了叛乱。可是，成王还是对周公心怀猜忌。相传，这一年秋收以前，天空出现雷电和大风，禾苗都被吹倒了，大树被拔起，百姓十分惊恐。后来，周公力排众议，重新执政。神奇的是，大风把吹倒的禾苗又重新扶起，从此国家太平，百姓安居乐业。

成语故事

揠苗助长

春秋战国时期，宋国有一个农夫，他总嫌自己田里的禾苗长不高，每天都跑到田里去看。可一天天过去了，禾苗好像还是老样子。农夫十分着急，心想一定要想个办法帮助禾苗长高。

一天，他终于想到了办法。他急忙跑到田里，把禾苗一株一株地拔高。随后，他气喘吁吁地回到家，对家人说："今天可把我累坏了，不过，我总算让咱家的禾苗一下子就长高了。"他的儿子听说后，赶紧跑到田里去看，发现禾苗全都死了。

成语"揠苗助长"比喻违反事物的发展规律，急于求成，反而事与愿违。

shǔ

黍

重要的粮食作物之一

甲骨文　　金文　　小篆　　楷书

汉字我知道

唐代著名诗人孟浩然写的《过故人庄》中，有"故人具鸡黍，邀我至田家"的诗句。这句话的意思是：老朋友准备了丰盛的饭菜，邀请我到他家里做客。那么，诗句中"黍"的本义是什么呢？

甲骨文"黍"看上去像禾上结了很多籽实而下垂的样子。金文"黍"的右边是"禾"，左边是"水"，表示黍喜欢生长在水边。"黍"的本义是黍子，去皮后叫黄米。"鸡黍"的字面意思是鸡肉和黄米饭，在诗句中指丰盛的饭食。

趣味小知识

商朝灭亡后，商纣王的叔父箕（jī）子去朝见周王时，路过商朝之前的都城，此时这里已是一片废墟，长满了禾黍，他非常伤心，写了一首诗，名为《麦秀》。

相传西周灭亡后，一位周朝的士大夫路过西周的旧都，昔日繁华的宫殿变成了一片禾黍田，他触景生情，写下《黍离》。

于是，人们就用"黍离麦秀"一词表达对亡国的哀伤和感怀。

历史故事

孔子食黍

一天,孔子去拜见鲁哀公,鲁哀公让人送点吃的过来,侍从们端来一盘桃子和一小碟新鲜的黍。鲁哀公说:"请吃吧。"孔子恭恭敬敬地拿起黍吃了起来,之后又津津有味地吃起了桃子。

鲁哀公说:"这黍是用来擦拭桃子的,不是用来吃的。"

孔子解释道:"我知道,但黍是五谷中最好的粮食,祭祀时它还是上等的食物呢。果品有六种,桃子是最低等的,祭祀时根本不用。我听说过君子以下等之物擦拭上等之物,没听过用上等之物擦拭下等之物。如果用五谷中最好的粮食去擦拭最低等的水果,岂不是用上等之物擦拭下等之物了吗?这样做不符合礼教,所以,我不敢用黍去擦拭桃子。"

sù

粟

世界上古老的农作物之一

| 甲骨文 | 金文 | 小篆 | 楷书 |

汉字我知道

粟的营养价值高，不仅能食用，还可酿酒。甲骨文"粟"像禾苗上结着许多谷粒的样子。"粟"的金文与甲骨文相比，字形变化较大，完全看不出谷粒的形状了。

"粟"的本义指谷子，去皮后即小米，后来由小米引申泛指粮食。因为小米的颗粒非常小，所以，"粟"也比喻微小的事物，如沧海一粟。

趣味小知识

粟是世界上古老的农作物之一。在新石器时代，黍是当时主要的粮食作物。之后，粟取代了黍，成为古人最重要的主食。

在神农氏时期，人们使用"石炙法"烹饪粟，就是把粟米磨碎之后，放在石板上面，然后用火烤熟。后来，陶制炊具、铜制炊具、铁制炊具诞生了，人们就把粟米放到炊具中，煮熟后食用。

成语故事

不食周粟

商朝时，孤竹国国君有两个儿子——大儿子伯夷和小儿子叔齐。国君死后，将王位传给了叔齐。叔齐想把王位让给伯夷，可伯夷觉得这是父亲的决定，自己不能接受王位，便离家出走了。叔齐也因为不愿继承王位而出走了。后来两人在路上相遇，决定不再回孤竹国。他们听说周文王尊老敬老，便一起投奔他，并在那里定居下来。

周文王死后，周武王继位，周武王为讨伐商纣王，来不及埋葬父亲。伯夷、叔齐得知后，极力劝谏，指责周武王这样做是不仁不孝的。周武王不听，决意灭商。

周武王推翻商朝后，建立西周。伯夷、叔齐对周武王的行为嗤之以鼻，便决定不食周粟，隐居首阳山（今山西省永济市东南），靠采集野豌豆充饥，直到饿死。

成语"不食周粟"比喻清白守节，不叛先主，也用来比喻坚决反对某种行动或主张。

mài

麦

食物里的外来品种

甲骨文　　金文　　小篆　　楷书

汉字我知道

小麦、大麦、燕麦等都属于麦类食物，我们平时吃的包子、饺子就是用小麦磨成的粉制成的。那么，你知道"麦"的本义是什么吗？

甲骨文"麦"上面的"来"（来）表示"麦"的发音，下面的""表示朝下的脚，因此，"麦"的本义是到来。现在，"麦"的本义已经不使用了，主要指小麦，引申泛指麦类食物。

趣味小知识

小麦的原产地是西亚，后来才传入中国。自汉朝小麦成为主食后，古人发明了很多好吃的面食，比如馒头、包子、面条、饺子等。

宋朝人将我们现在吃的馒头称为蒸饼，后来因为避讳宋仁宗赵祯的名字，把蒸饼改名为炊饼。饺子，在古时有牢丸、扁食、饺饵、粉角等名称。我们现在吃的汤面，在古时被称为汤饼。

成语故事

不辨菽麦

春秋时期，晋国的栾（luán）书、中行偃（yǎn）派程滑杀死了晋厉公，随后，士鲂（fáng）等人在京师拥护周子为国君（即晋悼公）。当时周子只有十四岁，聪明能干，大夫们都拥护他。

周子有一个哥哥，本应该立为国君，但因为其愚笨，连豆子和麦子都分不清，所以没有被立为国君。

成语"不辨菽麦"原指分不清豆子和麦子，现在常用来形容缺乏实际知识，没有识别能力。

fàn

饭

古时"吃饭"有哪些叫法

饭 金文　　饭 小篆　　饭 楷书

汉字我知道

俗话说"人是铁，饭是钢"，吃饭能为我们补充能量，让我们有充沛的精力去学习和玩耍。

金文"饭"的左边是"食"，指饭食；右边是"反"，用来表示"饭"的发音。

"饭"的本义是煮熟的谷类食品，现在常特指大米饭，也引申为每天定时吃的食物，如午饭、晚饭等。

趣味小知识

关于"吃饭",古时常有以下叫法:

用膳:皇家贵族通常会把吃饭说成用膳,此外,也可以说成进膳。

小酌:简易的宴席,也指请人饮宴的谦辞。

进食:吃饭。

赴宴:参加宴会。

饯行:在亲朋好友远行前,置办酒席,为其送行,表示祝福和惜别。

历史故事

一饭之报

鲁宣公二年（公元前607年），宣子在首阳山打猎，住在翳（yì）桑。他看见一人饿得病倒了，就去询问他的病情。那人说："我已经三天没吃东西了。"于是，宣子就将食物送给他吃。那人却只吃了一半，留下一半。宣子问他为什么，他说："我离开家已经三年了，不知道家中老母是否还活着。现在离家很近，请让我把留下的食物送给她。"见此人这样孝顺，宣子让他把食物吃完，另外又为他准备了许多食物。

后来有一次，宣子遇险，幸亏有个武士出手相助，宣子才得以脱险。宣子问那个武士为何救他，那人回答说："我就是当年在翳桑的那个饿汉。"宣子想再问他的姓名和住处时，他没有回答就离开了。

后来，人们常用"一饭之报"形容一个人知恩图报。

ròu

肉

古人为什么不吃马肉

甲骨文　　金文　　小篆　　楷书

汉字我知道

肉食几乎每天都会出现在我们的餐桌上，做法多样。甲骨文"肉"的字形看起来像一块肉，小篆"肉"的字形上多出一些瘦肉的纹路。

"肉"的本义是供食用的鸟兽的肉，如鸭肉、鸡肉。后由鸟兽的肉引申为人的皮肤、肌肉和脂肪层，如皮肉之苦；还引申为蔬果可食的部分，如果肉；等等。

趣味小知识

在古代，没有汽车、飞机、火车等交通工具，人们出门去比较远的地方，主要靠骑马或坐马车。

另外，在古代，马是重要的军事物资，古人行军打仗离不开马。

所以，古人一般不会食用马肉。

历史故事

东坡肉

东坡肉是中国的一道传统名菜,传说是北宋著名文学家苏轼(字东坡)发明的。

相传苏轼曾经在黄州任官,他发现黄州的猪肉品质好,价格却很低。据说是当时的贵族以羊肉为贵,不爱吃猪肉,而贫苦百姓又不会烹饪的缘故。

于是,苏轼亲自烹饪猪肉,并将烹饪方法写入诗中。按照这种方法烹饪出来的猪肉油而不腻、香味扑鼻,广为流传,并被称为"东坡肉"。

如今,东坡肉已经成为一道代表中国传统美食文化的名菜,被大众所喜爱。

gāo

膏

为什么用"膏粱"表示富贵人家

| 甲骨文 | 金文 | 小篆 | 楷书 |

汉字我知道

小朋友，你喜欢吃肥肉吗？在古代，肥肉也被称为"膏"。甲骨文"膏"的上面是"高"的简略写法，用来表示字的发音；下面是"肉"，这里是肥肉的意思。

"膏"的本义是肥肉，由肥肉引申为油脂，如春雨如膏；也可以比喻百姓的财产，如民脂民膏；还可以表示膏状物，如牙膏；等等。

趣味小知识

"膏粱"指的是肥肉和细粮，泛指精美的饭菜，后来常用来比喻富贵人家。

含有"膏粱"二字的常见的成语包括：膏粱子弟，比喻过惯了享乐生活的富贵子弟；膏粱纨绔，借指吃着佳肴、衣着华丽的富贵人家的子弟；膏粱锦绣，形容富贵人家奢华的生活。

成语故事

病入膏肓

春秋时期，晋景公得了重病，向秦国请求良医为他治病。秦桓公派了一名叫医缓的良医为晋景公看病。

医缓还没到，晋景公就做了个梦，梦见他的病变成了两个小孩。一个小孩说："他是个好医生，会伤害我们，我们该往哪里逃呢？"另一个小孩说："我们就待在肓（心脏和隔膜之间）的上边，膏（心尖脂肪）的下边，无论他怎样用药，都奈何不了我们。"

医缓到了晋国，给晋景公看过病之后，说道："病在肓的上边，膏的下边，无法治了。"

晋景公见医缓所说验证了梦中两个小孩的对话，便叫人送了一份厚礼给医缓，让他回秦国去了。不久，晋景公去世了。

"病入膏肓"指病情已严重到无法救治的地步，比喻事态严重，无法挽救。

yáng

羊

羊肉是古代的奢侈美食

| 甲骨文 | 金文 | 小篆 | 楷书 |

汉字我知道

　　羊是一种性情温顺的动物，主要以草料为食，常常以群体的形式活动。甲骨文"羊"看上去很像从正面看到的羊头的模样，上面的部分是两只弯曲的羊角，下面的部分表示羊的嘴巴。"羊"的金文和小篆相似，虽然进行了简化，但羊角的特征还是很明显的。

　　"羊"的本义是羊，如山羊、绵羊等，从古至今，该字的字义变化不大。

趣味小知识

羊肉是一种美食，能做成多种美味佳肴，可在古代，并不是人人都能吃羊肉的。

在《礼记》中有这样一段话："诸侯无故不杀牛，大夫无故不杀羊，士无故不杀犬豕，庶人无故不食珍。"意思是，没有特定缘由，人们不能随意杀牛、羊、猪等来吃。当时等级制度森严，且受养殖条件等制约，只有贵族才能吃羊肉。

成语故事

亡羊补牢

战国时，楚国国君楚襄（xiāng）王沉迷于享乐，不理朝政，大臣庄辛多次劝谏，可楚襄王认为庄辛杞人忧天。庄辛便让楚襄王准许他去赵国待上一段时间，看看会发生什么事情。

庄辛在赵国只待了五个月，秦国就发兵攻打楚国，楚国的国都被攻占了。楚襄王流亡在外，他想起庄辛的话，心里十分后悔，立马派人将庄辛请了回来，问他该怎么办。

庄辛回答说："大王不必着急，我听说就算见到兔子来了才放猎狗去追，也不算晚；羊丢失了再去补羊圈，也来得及。只要大王重新振作，一定会恢复国土。"后来，楚襄王在庄辛的辅佐下，发奋图强，终于收复了失地。

成语"亡羊补牢"比喻在受到损失之后想办法补救，免得以后再遭受类似的损失。

yú

鱼

孔子、孟子都喜欢吃的美味

甲骨文　　金文　　小篆　　楷书

汉字我知道

鱼肉味道鲜美，营养价值高，很多人都喜欢吃鱼。甲骨文"鱼"像一条有头有尾的鱼，仔细观察你还会发现它的背部和腹部各有一个鱼鳍。"鱼"的金文和小篆从字形上来看，还是很像一条鱼。

"鱼"的本义是水生脊椎动物，如金鱼、草鱼、鲫鱼等，现在字义依然没有变化。

趣味小知识

春秋时期的孔子，特别喜欢吃鲤鱼。一年，孔子喜得贵子，鲁昭公送给孔子一条鲤鱼作为贺礼。孔子非常高兴，就给儿子取名为鲤，字伯鱼。

孟子也对鱼有很高的评价，他曾说："鱼，我所欲也；熊掌，亦我所欲也……"孟子将鱼与珍贵的熊掌进行比较，可见他多么喜欢鱼了。

古人吃鱼也要讲究礼仪，要求吃鱼的时候不能将鱼身翻转过来，而是在吃完上面的鱼肉之后，把鱼骨拿掉，再继续吃下面的鱼肉。

成语故事

漏网之鱼

春秋战国时期，晋襄公打败秦国后，俘虏了秦国大将白乙丙、孟明视、西乞术。晋襄公的母亲原是秦国人，她对晋襄公说，晋国与秦国是亲戚，冤家宜解不宜结。晋襄公听信了母亲的话，放了这三人。

晋国大将先轸（zhěn）听说后，立即跑去拜见晋襄公，说服他收回成命，追回三人。另一名晋国大将阳处父忙带人前去追赶，白乙丙等三人也怕晋襄公派人来追，就拼命地跑，一直跑到黄河边。他们回头一瞧，见后面尘土大起，似有大队人马追来。在这危急关头，他们看到河边有一艘小船，便赶紧跳进了船里，原来这艘小船正是秦国派来接应他们的。阳处父追到河岸，只能眼睁睁地看着他们远去了。于是，他们成了"网漏于吞舟之鱼"，后来这句话演变成"漏网之鱼"。

"漏网之鱼"指从网眼里漏出去的鱼，常比喻侥幸逃脱的敌人和罪犯等。

tāng
汤

"汤"在古代指什么

金文　　小篆　　楷书

汉字我知道

各种美味的汤是家庭饭桌上的常见食物,那你知道"汤"的本义是什么吗?

金文"汤"的左边是"水",右边是"昜",表示太阳,将这两部分合在一起,意思就是水被太阳炙烤,用来表示热水。

"汤"的本义是热水,现在"汤"的常用字义有:食物煮后所得的汁水,如米汤、面汤;烹调后汁水特别多的副食,如菠菜汤、豆腐汤;等等。

趣味小知识

历史上有很多名人都喜欢喝汤。

乾隆皇帝很喜欢喝汤,一次他下江南时路过徐州,品尝了一碗雉(zhì)羹(gēng),觉得味道鲜美无比,故赐名"天下第一羹"。

传说慈禧(xǐ)对汤也非常痴迷,曾有八位御厨专门为她煲汤,其中她最喜欢的汤是鸡茸鸭舌汤。

成语故事

赴汤蹈火

东汉末年，曹操与袁绍在官渡（今河南省郑州市中牟县东北）争战。袁绍派人请荆州刺史刘表支援，刘表口头答应，实则按兵不动，对曹操也采取观望态度。

刘表的属下韩嵩（sōng）认为，刘表这样做会把袁、曹两方都得罪，于是建议他归顺曹操。刘表犹豫不决，让韩嵩先去曹操那里打探一下。

韩嵩说："我是您的部下，当然听您的命令，就是要我赴汤蹈火也在所不辞。但请您考虑清楚是否真的要归顺曹操，若真如此，我去京城就是正确的；如果您还没有下定决心，一旦我被天子封了官，就是天子之臣，无法为您效力，到时可不要难为我。"

韩嵩到了京城后，被汉献帝封了官。待韩嵩回来后，刘表以为韩嵩怀有二心，勃然大怒，将其囚禁在大牢中。

成语"赴汤蹈火"比喻不避艰险、奋不顾身。

殿堂楼阁

我国建筑历史源远流长，在历史长河中留下了许多不同风格的建筑。与建筑有关的汉字，常用"宀"代表屋顶，"宀"下面容纳了不同的事物，用来代表建筑的各种功能。

xué

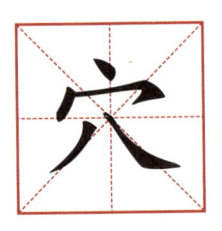

穴

人类最早的房屋

金文　　小篆　　楷书

汉字我知道

穴是人类最早的房屋，距今约一万八千年的远古人类——山顶洞人就生活在洞穴中。金文"穴"外面的"⌂"表示房屋，在屋檐下加"八"，表示屋檐下面有孔穴。

"穴"的本义指洞穴，现在常用的字义有动物的巢穴、窝和人体的穴位等。

趣味小知识

穴居是人类社会最早的居住方式之一，比如山顶洞人就曾经住在龙骨山的岩洞里。如果没有洞穴，他们就住在悬崖下或者岩石旁边。

野处（chǔ），指栖息野外，是上古时期人们学会构建房屋之前的居住方式。上古时期野兽毒蛇较多，人们用树枝、树叶和茅草等材料在树上建造居所，这种居住形式被称为巢居。

历史故事

不入虎穴，焉得虎子

东汉时，汉明帝派班超到鄯（shàn）善国，与鄯善王交朋友。班超带领人马，经过长途跋涉，终于到了鄯善国。鄯善王亲自出城迎接，把班超奉为上宾。

几天后，匈奴也派使者来到鄯善国，与鄯善王联络感情，并说了很多东汉的坏话。鄯善王相信了匈奴使者的话，不再接见班超，并派兵监视他。

班超召集部下商讨对策，他建议除掉匈奴使者，这样才能消除鄯善王的疑虑，使两国和好。但是，班超带来的人马不多，而匈奴兵强马壮，防守也十分严密。班超说道："不进入老虎窝，就抓不到小老虎！"当天夜里，班超带人深入匈奴人的营地，放火烧了他们的帐篷，并将他们全部消灭。

鄯善王得知真相后，又和班超言归于好了。

"不入虎穴，焉得虎子"比喻不亲临险境就不能取得成功，也比喻不进行认真实践就不能认识事物。

jiā
家

"家"字中为什么有头猪

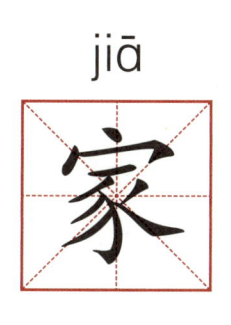

| 甲骨文 | 金文 | 小篆 | 楷书 |

汉字我知道

家是我们生活成长的地方，但是甲骨文、金文、小篆"家"的字形都像房屋里关着一头猪的样子。"家"字中为什么有头猪呢？原来，在古代"家"最先指养猪的地方，因猪是由人饲养的，房子里有猪就意味着有人居住，所以，"家"后来引申为人们生活居住的场所。

现在"家"的常用字义有：家庭，如三口之家；商铺、企业的计量单位，如一家企业；具有某种专长、特征或者从事某种专门活动的人，如科学家；等等。

趣味小知识

诸子百家是先秦至汉初各种学术思想派别的总称。由于当时社会处于大变革时期，因此出现了很多代表不同思想的学派，各学派互相争论，互相批评，这种现象被称为"百家争鸣"。

"诸子"指的是各学派的代表人物，如老子、孔子、墨子、荀子等；"百家"指的是各学派，如道家、儒家、法家、墨家、纵横家、名家、杂家、阴阳家、农家等。

历史故事

司马谈的家训

家训是家族或家庭对后世子孙的教诲，对一个人的影响非常大。

司马迁的父亲司马谈非常有学识，受到汉武帝的重用，做了太史令，负责搜集并保存典籍文献。司马谈临死前，拉着儿子司马迁的手，对他进行了一番嘱咐，这就是司马谈的家训《命子迁》。

在《命子迁》中，司马谈希望儿子能继承他的事业，不要忘记撰写史书。司马谈认为，孔子去世后的三百多年，因为战乱等原因，很多历史没有被及时记载，所以他希望司马迁能完成他没有完成的工作。

最终，司马迁没有辜负父亲的嘱托，写出了巨著《史记》，这部书被鲁迅誉为"史家之绝唱，无韵之《离骚》"。

qǐn

寝

"就寝"是什么意思

| 甲骨文 | 金文 | 小篆 | 楷书 |

汉字我知道

古人将睡觉称为"就寝",那么,"寝"的本义是什么呢?我们先看看古时"寝"字是怎样写的吧!

甲骨文和金文"寝"的外部表示房屋,里面像手拿扫帚的形状,将这两部分合在一起,就像手拿扫帚打扫房屋,用来表示供人休息的卧室。

"寝"的本义是卧室,如寝室。由卧室引申为休息、睡觉,如废寝忘食;也可以指停止、平息,如其议遂寝;等等。

趣味小知识

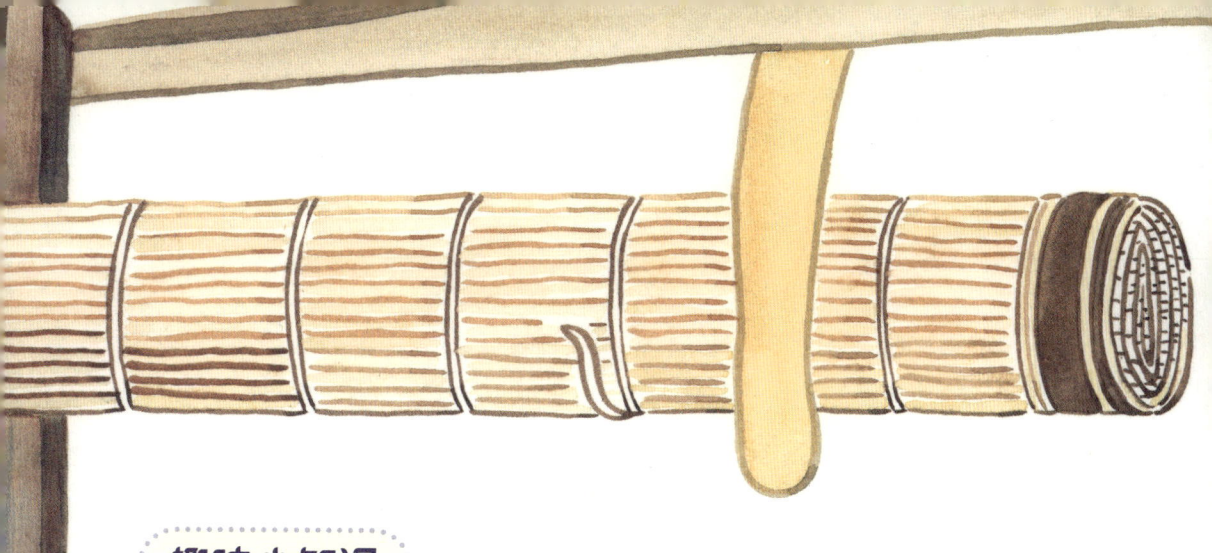

古时，未婚女子的卧室称为"闺房"。闺房是未婚女子休息、练习女红（gōng）（旧时称女子所做的纺织、刺绣、缝纫等工作和这些工作的成品为女红）、学习诗书礼仪的地方。

此外，"闺阁""香闺"也指未婚女子的卧室。有一个词语叫"待字闺中"，指的是女子还未订婚。

成语故事

废寝忘食

春秋时期，孔子带领他的学生周游列国，来到楚国叶邑（今河南省叶县附近）。叶邑大夫沈诸梁热情地接待了孔子一行。他虽然知道孔子是一个思想家、政治家，还教出了许多优秀的学生，但他不知道孔子的为人如何，便去问孔子的学生子路。

子路虽然跟随孔子多年，一时却不知怎么回答，就没有作声。后来，孔子知道了这件事，就对子路说："你为什么不回答他'孔子这个人啊，发愤追求学问，专心致志到顾不得睡觉，忘记了吃饭，沉溺于学有所得的快乐而忘记了忧虑，连自己快老了都不知道'这样的话呢？"

成语"废寝忘食"原形容因忧虑或神思恍惚而睡不好觉，吃不下饭，后多形容非常专心，把全部精力和心思用在某件事情上。

yǔ

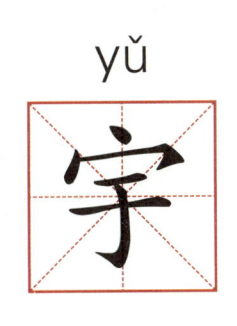

宇

"宇"指房屋的哪个部分

| 甲骨文 | 金文 | 小篆 | 楷书 |

汉字我知道

小朋友，请你来猜一个谜语：老于喜欢戴帽子（打一字）。没错，谜底是"宇"字。那么，你知道"宇"的本义是什么吗？

甲骨文"宇"的外部看起来像房屋的样子，屋檐非常突出；房屋内是"于"字，用来表示"宇"的发音。

"宇"的本义是屋檐，由屋檐引申为房屋，如庙宇。现在"宇"的常用字义有：上下四方所有的空间，如宇宙；风度、气质，如神宇、器宇；等等。

趣味小知识

　　我们经常可以看到在一些古建筑的屋檐下挂有铃铛，这种铃铛有一个专有称呼，叫风铎（duó）。

　　可别小看风铎，它的作用可大了。古建筑的屋顶大多是用木头制作的，风铎的声响可以吓走鸟儿，防止鸟儿在屋檐下做窝，避免鸟儿的粪便污染房屋。另外，风铎也能起到点缀建筑的作用。

成语故事

紫芝眉宇

唐朝的元德秀（字紫芝）担任鲁山县令时，有一个人因偷东西被捕入狱。那时鲁山境内有老虎出没，危及当地百姓的生命安全。于是那人就请求去缚（fù）虎为自己赎罪，元德秀答应了他的请求。有人担心擅自放掉官囚会连累元德秀。元德秀认为人应该讲信用，如果那人真的逃跑了，就由自己来承担责任。第二天，那人真的遵守诺言回来了。

由于元德秀把自己的俸禄都用来接济孤儿了，到他离任的时候，他坐着柴车离开，全部财产只有一匹细绢。后来，元德秀隐居在陆浑（今河南省洛阳市嵩县东北），家门从不上锁，也没有仆人。遇到荒年，他连饭都吃不饱。宰相房琯（guǎn）感叹道："见紫芝眉宇，人们的名利之心都没有了。"

后来，人们就用"紫芝眉宇"来称颂人的德行高洁。

shè

舍

"寒舍"是什么意思

| 甲骨文 | 金文 | 小篆 | 楷书 |

汉字我知道

古时候，人们常谦称自己的家为"寒舍"。甲骨文"舍"上面的"ᗅ"像屋顶的形状，中间的"干"表示顶柱和横梁，下面的"ㄩ"表示墙基，将这三部分合在一起表示房屋。

"舍"的本义指房屋，如宿舍。后引申为休息的意思，如不舍昼夜；也引申作量词，古时行军，以三十里为一舍。

趣味小知识

古时房屋有很多不同的种类。

茅舍：屋顶用茅草、稻草等盖的房子，指破旧或者简陋的房屋。

轩：有窗的长廊或小屋。古时候，"轩"多用为书斋名或茶馆、饭馆等的字号。

重屋：两层以上的楼房。《新唐书·西域传上》："所居皆重屋，王九层，国人六层。"

成语故事

退避三舍

春秋时期,晋国发生了一场影响巨大的政治动荡,晋国公子重耳被迫流亡,逃到了楚国,楚成王以礼待之。一天,楚成王问重耳:"如果有一天你回到晋国,当上了国君,你会怎么报答我?"

重耳想了想,说道:"如果我真能成为晋国国君,一定会与楚国友好相处。若有一天两国发生战争,我一定会命令军队先退避三舍。如果这样还不能得到您的原谅,我再与您交战。"

后来,重耳成了晋国国君,即晋文公。几年后,楚国与晋国发生战争,晋文公信守承诺,下令军队后退九十里,但最终晋国还是打败了楚国。

"退避三舍"指为了回避与对方的冲突,主动退让九十里,常用于比喻主动退让和回避,避免冲突。

zhái
宅

谁的宅院被称为"中国民间故宫"

| 甲骨文 | 金文 | 小篆 | 楷书 |

汉字我知道

东晋著名诗人陶渊明写的《归园田居》中，有诗句"方宅十余亩，草屋八九间"。那么，诗句中"宅"的本义是什么呢？

甲骨文"宅"外部是"⌒"，代表房屋；内为"ϟ"，表示寄托。将这两部分合在一起，表示人所托居的住处之意。

"宅"的本义是住宅，如深宅大院，后引申出待在家里不出门等字义。

趣味小知识

　　我国古代有很多豪华的宅院，位于绵山脚下山西省晋中市灵石县静升镇的王家大院是其中之一。王家大院有"中国民间故宫"和"山西的紫禁城"的美称，是清代民居建筑的集大成者。

历史故事

百万买宅，千万买邻

南朝时期，平固侯吕僧珍秉公执法，从不徇私情。他的旧房子在市北，房屋前面建有督邮的官署，大家都劝他迁走官署以扩建自家住宅。吕僧珍生气地说："怎么可以迁走官廨（xiè）以扩建我的私宅呢？"

一位叫宋季雅的官员被罢免官职后，将吕僧珍私宅旁边的一幢房屋买了下来。

一天，吕僧珍问他花了多少钱买下这栋房子，宋季雅回答说："花了一千一百万。"吕僧珍觉得价格过高了。

宋季雅笑着说："一百万是买房屋的钱，一千万是买邻居的钱。"

"百万买宅，千万买邻"用来比喻好邻居千金难求。

mén

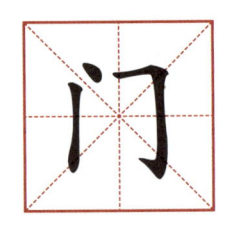

门

房屋的"脸面"

| 甲骨文 | 金文 | 小篆 | 楷书 |

汉字我知道

门是建筑物的出入口，也是房屋的"脸面"。甲骨文"门"上面的一横如同嵌入门框的横木，下面的部分则像安在门框上的两扇门。

"门"的本义是门扇，引申为形状或作用像门的东西，如闸门。"门"现在常用的字义有：建筑物等的出入口，如洞门；门径、方法，如摸不着门道；门类，如部门；等等。

趣味小知识

在古代，门好比人的脸面，从门的规模和外观，就能判断出房主的社会地位。

皇宫大内称宫门，官府治所称衙（yá）门，寺庙道观称山门，军营行辕称辕门，普通民居叫宅门。单座建筑中有房门，院落中有院门，坊巷中有坊门，城市中有城门。

门的标志性和象征性功能，使门在外观造型上有着不同的形态：皇家宫殿，豪华壮丽；官府衙署，门禁森严；坛庙寺观，肃穆堂皇；民宅院落，亲切迎人；等等。

成语故事

鲤跃龙门

相传因黄河水非常浑浊，大量的鱼类不能在黄河里存活，而鲤鱼却生长得非常好。又因为生长在黄色泥水里，所以黄河中的鲤鱼身上的鳞片都是金色的。

古人发现，每年春天，这些金色的鲤鱼都会逆流前进，在龙门处跳跃而上。相传，有一年春天，一条大鲤鱼纵身一跃，一下子跳到了云彩里，这时天火从它身后追来，烧掉了它的尾巴。它忍着疼痛继续跳跃，越过龙门落入水中，一眨眼就变成了一条龙。

成语"鲤跃龙门"比喻努力拼搏、奋勇前进，勇敢地去实现梦想，也比喻地位得到跃升。此成语更寄托着人们飞跃高升、飞黄腾达的美好愿望。

hù

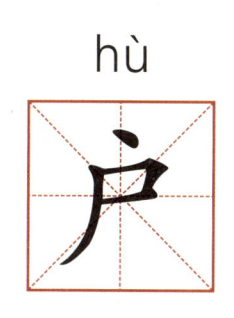

户

为什么"门要常开,户要常闭"

| 甲骨文 | 金文 | 小篆 | 楷书 |

汉字我知道

与"户"字有关的词语有很多,如户口、户籍、住户等。那么,"户"的本义是什么呢?我们先来看看甲骨文"户"是怎么写的吧!

甲骨文"户"像单扇门,因此,"户"的本义是单扇门。

现在"户"的常用字义有:门户,如夜不闭户;住户,如千家万户;从事某种职业的人或者家庭,如个体户;门第,如门当户对;等等。

趣味小知识

在古代，人们将"门"和"户"分别看作不同的门。具体来说，"门"指大门，是院子最外边的大门或者小院子的大门；而"户"则指房门，即房间的门。

俗话说"门要常开，户要常闭"，这句话虽然短小，却意味深长。

"门要常开"即家里的大门要经常打开，以方便人进出。

"户要常闭"即房间的门要经常关闭，以阻挡外面的噪声、灰尘和风雨等。

历史故事

路不拾遗，夜不闭户

一天，唐太宗李世民与大臣们一起讨论如何制止偷盗行为，有的大臣说一定要使用严酷的法律来惩罚盗贼。

李世民说："老百姓去做盗贼，是因为劳役、兵役太重，赋税太多了，有的官吏又十分贪婪，让老百姓吃不饱、穿不暖，所以百姓被逼去做盗贼了。我应减少赋税，减轻徭役，选拔廉洁的官员，让百姓们吃穿不愁，他们就不会去做盗贼了，怎么能用酷刑呢？"

经过李世民的治理，百姓们安居乐业，没有人会把别人掉到路上的东西捡起来据为己有，人们晚上睡觉时可以不关门，十分安全。

"路不拾遗，夜不闭户"用来形容国家安定，人们思想品德高尚，社会风气良好。

gōng

宫

帝王的住所

| 甲骨文 | 金文 | 小篆 | 楷书 |

汉字我知道

《西游记》中有孙悟空大闹天宫的故事,那你知道"宫"的本义是什么吗?

甲骨文"宫"很像一座房屋。在远古时期,人类居住在洞穴里,"∩"像洞口,洞内的"吕"则像相互连通的小窟,也就是人们居住的地方。

"宫"的本义指房屋,后来特指帝王的住所,如阿房宫。现在"宫"的常用字义有:文化娱乐的场所,如少年宫、文化宫;神话中神仙居住的房屋,如天宫、月宫;等等。

趣味小知识

北京故宫是世界上现存规模最大、保存最为完整的木质结构古建筑群之一，被誉为"世界五大宫（中国北京故宫、法国凡尔赛宫、英国白金汉宫、美国白宫、俄罗斯克里姆林宫）之首"。

北京故宫是我国明清两代的皇家宫殿，旧称紫禁城，以三大殿（太和殿、中和殿、保和殿）为中心，占地面积约七十二万平方米，有大小宫殿七十多座，房屋九千多间。

成语故事

蟾宫折桂

晋武帝时期，吏部尚书崔洪举荐郤诜（xì shēn）做左丞相。后来，郤诜担任雍州刺史一职，晋武帝问郤诜："你是如何评价自己的呢？"

郤诜回答："我就像月宫里桂树上的一段桂枝，像昆仑山上的一块玉。"晋武帝听后大笑，并对他大加赞许。

用月宫中的一枝桂、昆仑山上的一块玉来形容特别出众的人才，这就是"蟾宫折桂"的由来。

唐代，科举制度盛行，人们就用"蟾宫折桂"来比喻考中进士，现引申为取得很大的成就或获得很高的荣誉。

fǔ

府

"打道回府"是什么意思

金文　　小篆　　楷书

汉字我知道

在古代，一般只有达官贵人的住宅才被称为府。金文"府"上面是"广"，指房屋；"广"下面是"人""手""贝"。将这几部分合在一起，就是人拿着钱财在屋里，表示这个房屋是存放钱财的地方。

"府"的本义是储藏财物的地方，如府库。随着字义的演变，"府"引申为达官贵人的住宅，如王府；又指事物或人物汇集之处，如学府、乐府；也指官员办公的地方，如官府；等等。

趣味小知识

古时候，达官贵人出行的时候，要有专人开路。"打道"指开路，"回府"就是回自己的住处或者官府。

特别是帝王出行的时候，帝王经过的道路，都要事先清理，且不让百姓通行，称为"跸（bì）路"或"跸道"。

现在，我们常用"打道回府"来表示取道回家或者原路返回。

成语故事

天府之国

刘邦当上皇帝后，对于在哪里建都犹豫不决。谋臣刘敬建议建都关中，很多大臣则主张建都洛阳。

为此，刘邦征询张良的意见，张良说："关中左有崤（xiáo）山、函谷，右有陇西、蜀，沃野千里。南面有富饶的巴蜀之地，北面有胡人养马，方便获得马匹。南、西、北三面都可凭险防守，只需东面控制诸侯。诸侯安定的话，就可以通过黄河、渭水运输天下的物资，向西供给京师；若诸侯反叛，出兵可以顺流而下，粮草供应也能保证。这真可谓金城千里，天府之国。刘敬说的是对的。"于是，刘邦最终采纳了刘敬的建议，建都关中。

成语"天府之国"最初指土地肥沃、物产丰富的地区，现多用作四川省的美称。

chéng

城

"城"与"郭"有什么区别

| 甲骨文 | 金文 | 小篆 | 楷书 |

汉字我知道

在中国古代，为了防御外敌和保护百姓的安全，许多城市都建有城墙。甲骨文"城"左边部分的中间有一个圆圈，指的是城墙，城墙上下两端的部分表示的是两座城楼对峙；右边是一个像戈一样的武器，表示用武器保卫城池。

"城"的本义指城墙，如万里长城。现在常用的字义有城市，如城乡；也可以指城垣以内的地方，如东城区；等等。

趣味小知识

"城"和"郭"都有城墙的意思，那么，"城"与"郭"的区别是什么呢？一般而言，"城"指内城的墙，"郭"指外城的墙。

在商朝和西周的初期，都城只有一个城墙，并没有"城"和"郭"的区别。周成王时期，周公建造成周（西周王朝的京师，今河南省洛阳市东郊）时，开创了"城"和"郭"的布局。

起初，西周众多诸侯国只有"城"，后来随着周天子的权力衰落和各诸侯国的力量增强，各诸侯国纷纷采用了"城"和"郭"的布局。

成语故事

城门失火，殃及池鱼

宋国的都城外有一扇非常坚固的城门。每当有外敌入侵时，宋国的士兵就会把城门关上，这样就可以保证城内百姓的安全。

有一天，城门失火了，火势很大，城门上冒起了滚滚浓烟。因为附近没有水源，人们只能从城门前的护城河里打水来救火。如此一来，可害苦了护城河里的鱼儿。有的鱼儿被舀出来直接泼进了大火中；那些没有被舀出来的鱼儿，也因护城河里的水被舀干了，最终死在河床上。

成语"城门失火，殃及池鱼"比喻无辜地被牵连而遭受灾祸或损失。

cí
祠

一个神圣又让人敬畏的地方

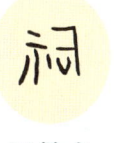

| 甲骨文 | 金文 | 小篆 | 楷书 |

汉字我知道

古时候，由于缺乏科学知识，人们对大自然会产生一种质朴的崇拜心理，因此在一些特定的时间，人们会进行祭祀活动。

甲骨文"祠"的右边是"司"，是掌管、主持之意，这里指祭祀；左边是"示"，指神灵。两者合在一起表示祭祀神灵。

"祠"的本义是祭祀神灵，后来引申为神庙、祭神或祭祖的地方，如祠堂。

趣味小知识

在古代，受儒家伦理中家族观念的影响，往往一个村子里只生活着相同姓氏的一个家族或不同姓氏的几个家族，并建有自己的家庙，即祠堂。

祠堂是族人祭祀祖先或先贤的场所。除了用来祭祀祖先，祠堂还可以作为办婚宴、丧礼、寿宴等的场所；每当族亲们有重要的事情需要商议时，也常在祠堂进行。

历史故事

武侯祠

三国时期的诸葛亮是一个满腹经纶、才华横溢的人,他曾在隆中(今湖北省襄阳市以西)隐居。刘备三顾茅庐之后,诸葛亮出任蜀国军师。在诸葛亮的辅佐之下,蜀汉政权与曹魏、孙吴政权形成了三足鼎立的格局。刘备死后,诸葛亮继续辅佐后主刘禅。诸葛亮注重发展生产,平定了南中地区的叛乱,并多次出兵北伐曹魏,后因病死于军中,为蜀汉政权真正做到了"鞠躬尽瘁,死而后已"。

诸葛亮生前曾被封为武乡侯,死后又被刘禅追谥为忠武侯,因此人们尊称其祠庙为武侯祠。全国多个省市都建有武侯祠,其中最知名的是成都武侯祠。

舟车助步

　　古代，由于交通工具很少，大多数时候人们以步代车，只有达官贵人才有座驾——车或者船。古人讲究礼仪，什么时候缓行，什么时候疾走，什么人坐什么车，都有明确规定。让我们一起通过汉字去了解古人的出行方式和出行工具吧！

bù

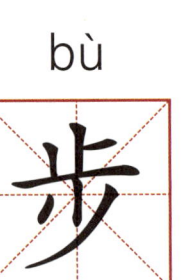

步

"跬"与"步"有什么区别

| 甲骨文 | 金文 | 小篆 | 楷书 |

汉字我知道

俗话说"饭后百步走，活到九十九"。每天坚持散步有利于身体健康。甲骨文"步"的字形像两只脚一前一后交替走路的样子，表示行走。

"步"的本义指行走、步行。现在"步"的常用字义有：脚步、步伐，如稳步前行；地步、境地，如流落到这个地步；等等。

趣味小知识

《荀子·劝学》中有这样一句话:"不积跬步,无以至千里。"这句话的意思是:没有半步一步的积累,就没有办法到达千里远的地方。意为做事情不一点一点积累,就无法达成目的。

古代的一步指的是先后跨出两只脚;跨出一只脚称为"跬",即半步。"跬步"常用于形容距离极近、数量极少等。

成语故事

百步穿杨

春秋战国时期,楚国有一个著名的射箭手叫养由基,擅长射箭,还有一个勇士潘虎,也擅长射箭。一天,两人在场地上进行射箭比赛,并把箭靶设置在五十步之外,以射中箭靶上的红心为胜。

潘虎拉开弓,连续三箭都射中了红心。轮到养由基了,他觉得射五十步外的红心太容易了,于是提议射百步之外的杨柳叶。养由基拉开弓,一箭射过去,正好射穿杨柳叶的中心。潘虎简直不敢相信自己的眼睛,他在杨柳树上选择了三片杨柳叶,并做上标记。养由基连射三箭,都射中了有标记的杨柳叶。

成语"百步穿杨"比喻射箭技艺高超,引申为本领非常高强。

zǒu

走

古时的"走"竟指"跑"

甲骨文　　金文　　小篆　　楷书

汉字我知道

有些汉字的古今字义差别较大,比如"走"字。甲骨文"走",像人摆动双臂奔跑的样子。金文"走"在甲骨文字形的下面加了"止",即脚。

"走"的本义是跑。古代的"行",现代叫作"走";古代的"走",现代称为"跑"。现在"走"的常用字义为行走;也可表示亲友之间来往,如走亲戚;还可以表示离开,如他要走了;等等。

趣味小知识

含有"走"字的成语有很多，在学习这些成语时，一定要注意"走"字的意思，因为有不少成语中的"走"是"奔跑"之意，并不是"行走"。

不胫而走：没有腿却能跑，形容消息传播迅速。

走马观花：骑在奔跑的马上看花，现比喻观察事物不深入、不细致。

远走高飞：跑到很远的地方去，也指为摆脱困境寻找出路。

成语故事

走马观花

唐朝诗人孟郊出身贫寒,从小勤奋好学,但他的仕途不顺,两次参加进士考试都落榜了。

贞元十二年(796年),近五十岁的孟郊又一次进京参加进士考试,这次他考中了。多年的付出终于有了回报,孟郊十分高兴。他穿上新衣服,骑着高头大马,在长安城里游览一番后,写下了《登科后》这首诗:"昔日龌龊不足夸,今朝放荡思无涯。春风得意马蹄疾,一日看尽长安花。"

这首诗的意思是:过去穷困窘迫的生活再也不值一提,如今我金榜题名,心中无比畅快。我愉快地骑马奔驰在春风里,用一天的时间就把长安城的美景看完了。

成语"走马观花"原形容愉快和得意的心情,现比喻观察事物不深入、不细致。

bēn

奔

古代有人以奔跑为职业

金文　小篆　楷书

汉字我知道

在古代，表示"跑"的字不只有"走"，还有"奔"。金文"奔"的字形像人的双手前后摆动，两脚迅速地交换着向前奔跑的样子。

"奔"的本义是跑，如狂奔、东奔西跑。现在"奔"的常用字义有：逃跑，如东奔西窜；为某事奔走，如奔波；表示朝、向，此时"奔"读作"bèn"，如他直奔马路跑去；等等。

趣味小知识

现在有长跑运动员、短跑运动员,那么,古时候有没有以奔跑为职业的人呢?当然有。

汉代的时候,有一种"职业跑步者",叫"伍伯"或者"伍百",其职务是负责在高级官吏的马车前鸣锣开道。这种工作非常辛苦,不是一般人能够胜任的,要求必须擅长跑步,这样才能跟上马车的速度。

神话故事

嫦娥奔月

传说后羿射下天上的九个太阳后，声名大噪，很多人拜他为师，其中有一个叫逢（páng）蒙的人十分狡诈贪婪。

一天，西王母送给后羿一丸仙药，据说人吃了此药就可以长生不老，升天成仙。可后羿不愿离开妻子嫦娥，就让嫦娥把仙药藏在百宝匣里。

农历八月十五这天，逢蒙趁后羿不在家，逼嫦娥交出仙药。嫦娥想，这种人若是长生不老，一定会祸害很多人。于是，她一口吞下仙药，羽化成仙，朝月亮飞去。

后羿外出回来，不见妻子，冲出门后看到了月亮上的妻子，于是他不顾一切地朝月亮追去，却永远都追不上了。

这就是"嫦娥奔月"的故事。

chē

车

发明马车的人是谁

甲骨文　　金文　　小篆　　楷书

汉字我知道

车子的种类众多，功能多样，给人们的生活带来了很大的便利。那么，你知道古时"车"字是怎么写的吗？

甲骨文"车"的中间有一条长长的竖线表示车辕，车辕上端是驾车的地方，下面两个圆形代表车轮。将这几部分合在一起，就表示车。金文和小篆的"车"简写后，都只剩下一个"车轮"。

"车"的本义指车子，如汽车、自行车等；后引申为借助轮轴旋转的机具，如纺车、水车等；还可以表示机器，如车间、车床；等等。

趣味小知识

相传发明马车的人叫奚仲（xī zhòng），他发明的马车距今已经有四千多年了。马车的发明，使人们可以到达更远的地方，促进了各地区之间的交流，扩大了商贸活动的范围，所以，奚仲又被人们称为"车神"。

后来，马车被应用到了很多领域，如行军打仗、运送物资等。马车的广泛使用，是人类社会进步的一个重要标志。

成语故事

前车之鉴

贾谊是西汉时期杰出的政论家、文学家，他曾多次上书，陈述治理国家的大政方针，受到皇帝的赞赏。

有一次，贾谊写了一篇千古流传的政论文《治安策》，文中总结了秦王朝由兴而亡的惨痛教训，劝说汉文帝应该效仿夏、商、周三代的做法，努力治理国家。他引用当时的谚语说："前车覆，后车诫。"意思是说，前面的车子翻了，后头的车就应当以此为戒，避免再发生类似错误。

成语"前车之鉴"指可以当作鉴戒的前人的失败教训。

yú

舆

古代官员乘车讲究多

| 甲骨文 | 金文 | 小篆 | 楷书 |

汉字我知道

舆马、舆论、舆图……与"舆"有关的词语众多，那么，你知道"舆"的本义是什么吗？我们先来看看"舆"的甲骨文是如何写的吧！

甲骨文"舆"的四角是四只手，中间是一件东西。将几部分合在一起看，像是四只手共同举着一件东西。

"舆"的本义是抬举，也泛指车子，由车子引申为车厢、轿子等，现在"舆"的常用字义还有众多、众人、疆域等。

趣味小知识

古代官员出门要乘坐什么车,是有明确规定的。不同等级官员乘坐的马车所用的马匹数量不同,一般来说,拉车的马匹越多,乘车官员的官爵就越高。

除了马匹数量,车上的装饰也体现车主人的地位尊卑。汉朝时期,对车上避雨遮阳的车盖都有明文规定:俸禄千石以上的官员的车用黑缯盖,俸禄三百石以上、千石以下的官员的车用黑布盖,俸禄二百石以下的官员的车用白布盖,百姓的车就只能用青布盖。

历史故事

明察秋毫，不见舆薪

战国时，孟子对齐宣王说："如果有人对大王说，'我的膂（lǚ）力能举起三千斤重的物品，却拿不起一根羽毛；我能看清楚秋天鸟儿身上新长的细毛，却看不见一车子的柴火摆在面前'。您相信吗？"

齐宣王说："不相信。"

孟子说："现在您的恩惠能及鸟兽，却到不了老百姓那里，这是为什么呢？人拿不起一根羽毛，是因为不肯用力；人看不见一车子柴火，是因为不肯用眼；百姓无法获得安定的生活，是因为君王不肯施恩。所以，您不施行仁德统一天下，是因为您不肯干，而不是不能干。"

"明察秋毫，不见舆薪"是指目光敏锐，可看清鸟兽身上的毫毛，却看不到一车柴草。常用其比喻为人精明，只看到小节，看不到大处。

xuān

轩

古代大夫以上官员的座驾

轩　　轩　　轩

金文　　小篆　　楷书

汉字我知道

在古代，不同身份地位的人乘坐的车不同，车的叫法也不同。古代大夫以上官员乘坐的车被称为"轩"。

金文"轩"左边是"车"，指古代大夫以上官员乘坐的车；右边是"干"，用来表示"轩"的发音。

"轩"的本义是古代大夫以上官员乘坐的车，后来泛指一种有帷幕而前顶较高的车子。因车子前高后低，"轩"又引申为高，如轩昂。

趣味小知识

"轩"的字义非常丰富，在古诗中也常看到字义不同的"轩"字。

比如，李白在《赠孟浩然》这首诗中就写道："红颜弃轩冕，白首卧松云。"这里的"轩冕"原本指古时大夫以上官员的车乘和冕服，这里借指爵禄。

又如孟浩然在《过故人庄》中写道："开轩面场圃，把酒话桑麻。"这里的"轩"是窗户的意思。

成语故事

轩车载鹤

春秋时期，卫国的国君卫懿（yì）公继位后，不理朝政，把大部分精力用来养鹤，凡是进献漂亮、有灵性的仙鹤的人都能得到重赏。

卫懿公根据每只鹤的漂亮和机灵程度，授予它们官职，并让它们享受国家俸禄。出去游玩的时候，卫懿公也会带上喜爱的仙鹤，让它们排在车队前面，号称"鹤将军"。

后来，北狄攻打卫国，卫懿公准备派兵抵抗，士兵们说："您让鹤去攻打敌人吧，我们哪里能打仗！"最终，卫懿公兵败被杀。

成语"轩车载鹤"的意思是使鹤享有禄位，为鹤配以轩车，比喻胡乱封官赐爵。

shèng

乘

"千乘之国"是什么意思

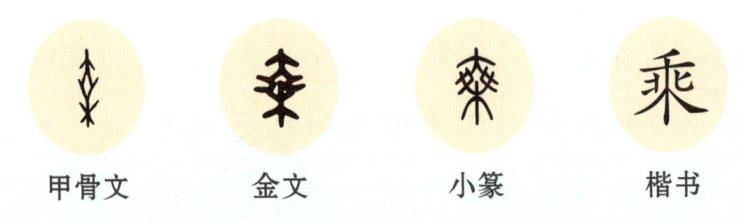

| 甲骨文 | 金文 | 小篆 | 楷书 |

汉字我知道

"乘"是多音字,读音不同,字义也不同。

甲骨文"乘"上面是人站立的样子,下面像一棵树,将这两部分合起来,就像人站在树上,表示登。

"乘"读作"chéng"时,本义为登,由登引申为乘坐,如乘飞机。"乘"的常用字义还有:趁着,如乘虚而入;算术中的乘法,如加减乘除;等等。

"乘"读作"shèng"时,为量词,古代称四匹马拉的车一辆为一乘,如千乘之国。

趣味小知识

读古典作品时，我们常会看到"千乘之国""万乘之君"的表述。乘（shèng）在这里是数量词，古代称四匹马拉的车一辆为一乘。

"千乘之国"即国家有战车千乘，指力量强大的国家；"万乘之君"即君王有万乘臣民拥护，指强大国家的君王。需要注意的是，这里的"千"和"万"都不是实数，是非常多的意思。

成语故事

千乘之国

孔子年轻的时候开坛讲学,听者人数众多。一天,他讲学结束后,与弟子们讨论如果有人了解且任用他们,他们会怎么做。

有一个叫子路的学生说道:"让我治理一个千乘之国,即使这个国家面临内忧外患,我只需要三年时间,就可以让这个国家的人有勇气且懂得道义,让这个国家成为一个强大的国家。"

春秋战国时期,战车是军队非常重要的作战武器。战车数量是衡量一个国家是否强盛的标志。"千乘之国"指拥有许多兵马的国家,在春秋时期指中等诸侯国。

sì

驷

"驷马"是四匹马吗

金文　　小篆　　楷书

汉字我知道

当我们和朋友约定的时候，常会说"一言既出，驷马难追"。那么，"驷马"是指四匹马吗？我们先一起看看金文"驷"是怎么写的吧！

金文"驷"的左边是"马"，右边是"四"，将这两部分合起来即表示同拉一辆车的四匹马。

所以，"驷马"指同拉一辆车的四匹马，而不是单独的四匹马。

趣味小知识

古时候，有权势的人出行时，会乘坐驷马高车，以显示自己的身份高贵。因为车上的车盖很高，所以驷马高车也叫驷马高盖。

成语故事

一言既出，驷马难追

春秋时期，卫国有个大夫，叫棘子成。有一天，棘子成对孔子的学生子贡说："君子只要有好的本质就够了，要那些表面的形式（文采）干什么呢？"

子贡说："您这样说是不对的，同拉一辆车的四匹马也追不回已经说出口的话。本质就像文采，文采就像本质，两者是同等重要的。去掉了毛的虎皮、豹皮，就如同去掉了毛的犬皮、羊皮一样。"子贡认为，良好的本质应当有适当的表现形式，否则，本质再好也无法显现出来。

在这个故事里，子贡用"驷马"形象地表示说出口的话无法收回的道理。

"一言既出，驷马难追"告诉我们，人应该珍视自己的言行和信誉，不断完善自己的品德，说话算话，守信用。

zhōu

舟

三千多年前的人会造船吗

| 甲骨文 | 金文 | 小篆 | 楷书 |

汉字我知道

诗仙李白的诗《早发白帝城》中，有"两岸猿声啼不住，轻舟已过万重山"的诗句。那么，古时的"舟"字是怎样写的，"舟"的本义又是什么呢？

甲骨文和金文"舟"的字形看上去都像一条小船的样子，只是摆放的方向稍有不同。

"舟"的本义指小船，后来泛指船，如一叶扁舟、轻舟等。

趣味小知识

据史料记载,三千多年前,周武王与八百诸侯会盟,率领四万多将士,乘四十多艘大船从孟津渡过黄河,推翻了商纣王的统治。

可见,商朝末期,人们就已经会造船了。到了春秋战国时期,人们不仅能够造出各种战船,还设立了专门用于水上作战的水军。我国历史上有文字记载的第一次水战,就是发生在春秋时期的吴楚水战。

成语故事

同舟共济

孙武是春秋时期著名的思想家、兵家奠基人。有人曾问孙武如何用兵才能打胜仗，孙武回答说："一定要善于布阵，把军队摆成蛇一样的阵势，这样头尾就可以互相救援，全军就形成了一个整体，不易被敌人打散。"

那人又问："士兵真的会像蛇一样首尾互相照应吗？"孙武告诉他："不用担心，因为战场关乎生死，会迫使军队齐心协力。就好比两个仇人，同乘坐一条船渡海，遇到了风暴，眼看就要葬身海底了，他们就会忘记仇恨，同心协力与风浪搏斗。连仇人在危险的时候都能够同舟共济，何况是没有冤仇的将士们呢？"

成语"同舟共济"比喻团结互助、同心协力战胜困难。

chuán
船

郑和下西洋的宝船有多大

| 金文 | 小篆 | 楷书 |

汉字我知道

在游乐园里，海盗船是很多小朋友喜欢玩的游乐项目。那么，你知道古人是怎样写"船"字的吗？

金文"船"左边是"舟"，指舟船；右边是"㕣"，用来表示"船"的发音。

"船"的本义是水上的主要运输工具，后引申为空间交通工具，如宇宙飞船、太空船。

趣味小知识

郑和下西洋是中国古代历史上时间最早、规模最大、航程最远的航行活动。

据史料记载，郑和下西洋的宝船有六十多艘，其中最大的船长约一百五十米，宽约六十米，共四层，仅锚就有几千斤重，要动用两百多人才能启航，一艘船可容纳一千多人。这样的船就是放到现在，也可以称为巨轮。

历史故事

草船借箭

三国时期，曹操率军攻打东吴，孙权、刘备联合抗击曹军。周瑜是孙权的一员大将，他妒忌诸葛亮的才干，故意刁难诸葛亮，让诸葛亮在十天之内造出十万支箭。诸葛亮立下军令状，保证三天完成任务。

诸葛亮准备了二十条船，每条船上有三十名军士，船用青布幔子遮起来，还有一千多个草把子排在船的两边。

第三天深夜，诸葛亮吩咐军士用绳索把船全部连起来，并向北岸开去。那天江上起了大雾，无法看清对岸的景物。当船靠近曹军水寨时，诸葛亮下令将船一字排开，让士兵擂鼓呐喊。曹操以为敌方来犯，又因大雾不敢出兵，便令弓箭手朝江中放箭，箭都射在了船中的草把子上。最终，诸葛亮顺利完成了任务。

这就是"草船借箭"的故事。